UDART iu7u-

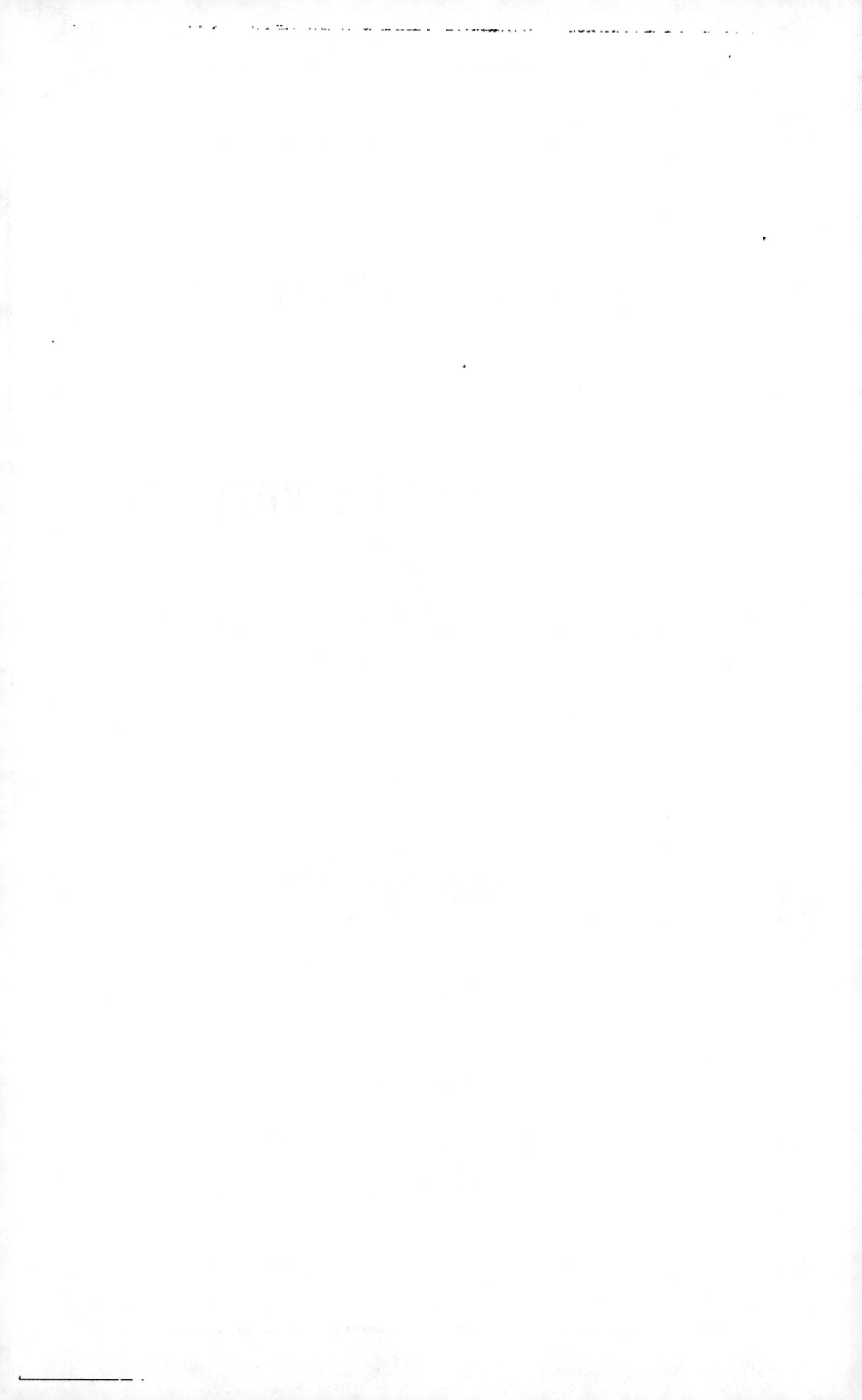

BIBLIOTHÈQUE DES VOYAGEURS

ALEXANDRE DUMAS FILS

CE QUE L'ON VOIT

TOUS LES JOURS

PARIS

MICHEL LEVY FRÈRES, EDITEURS

RUE VIVIENNE, 2 BIS

—

1855

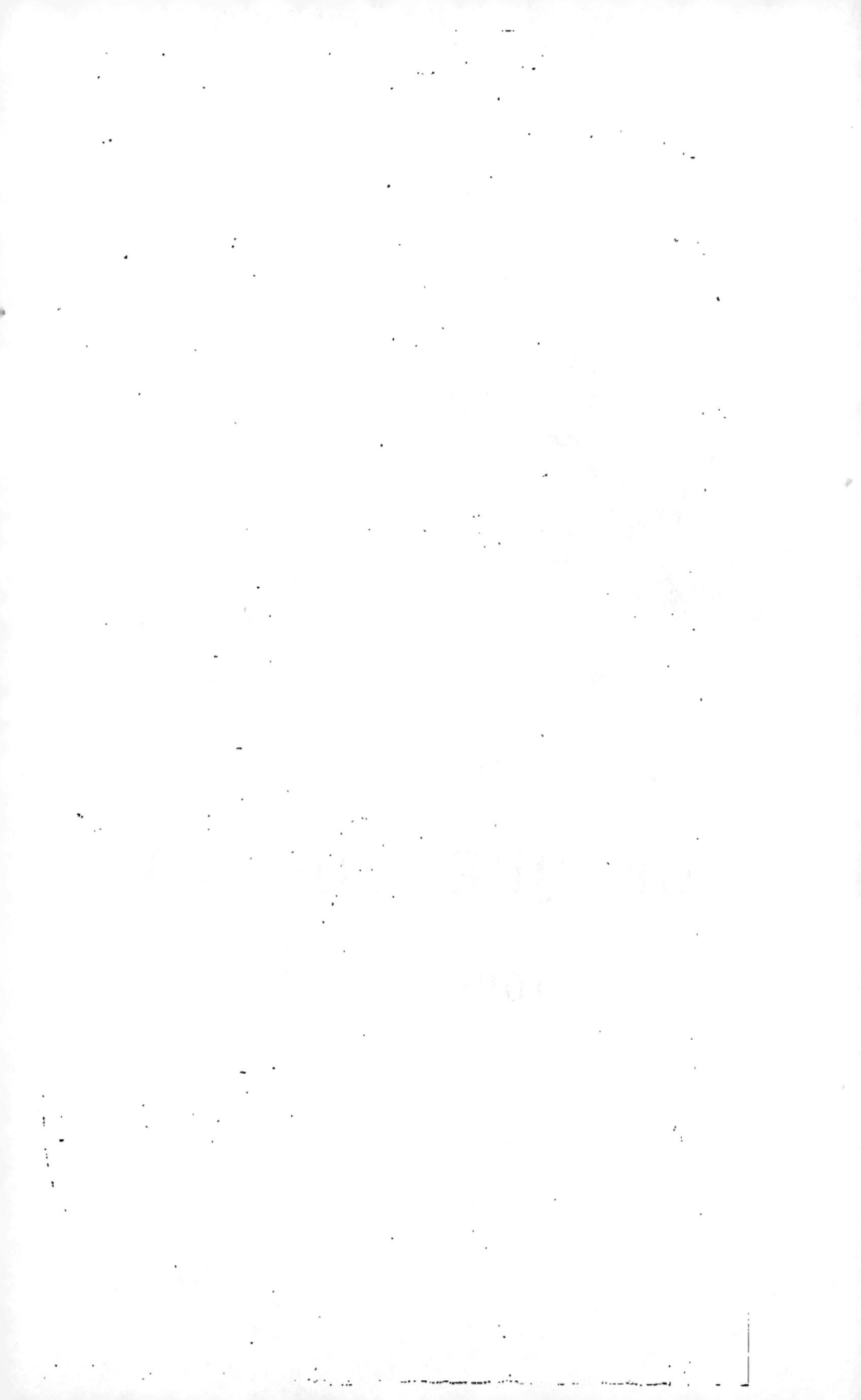

CE QUE L'ON VOIT

TOUS LES JOURS

Paris. — Typ. Simon Raçon et C°, 1, rue d'Erfurth.

CE QUE

L'ON VOIT

TOUS LES JOURS

PAR

ALEXANDRE DUMAS FILS

PARIS

MICHEL LÉVY FRÈRES, ÉDITEURS

RUE VIVIENNE, 2 BIS.

—

1853

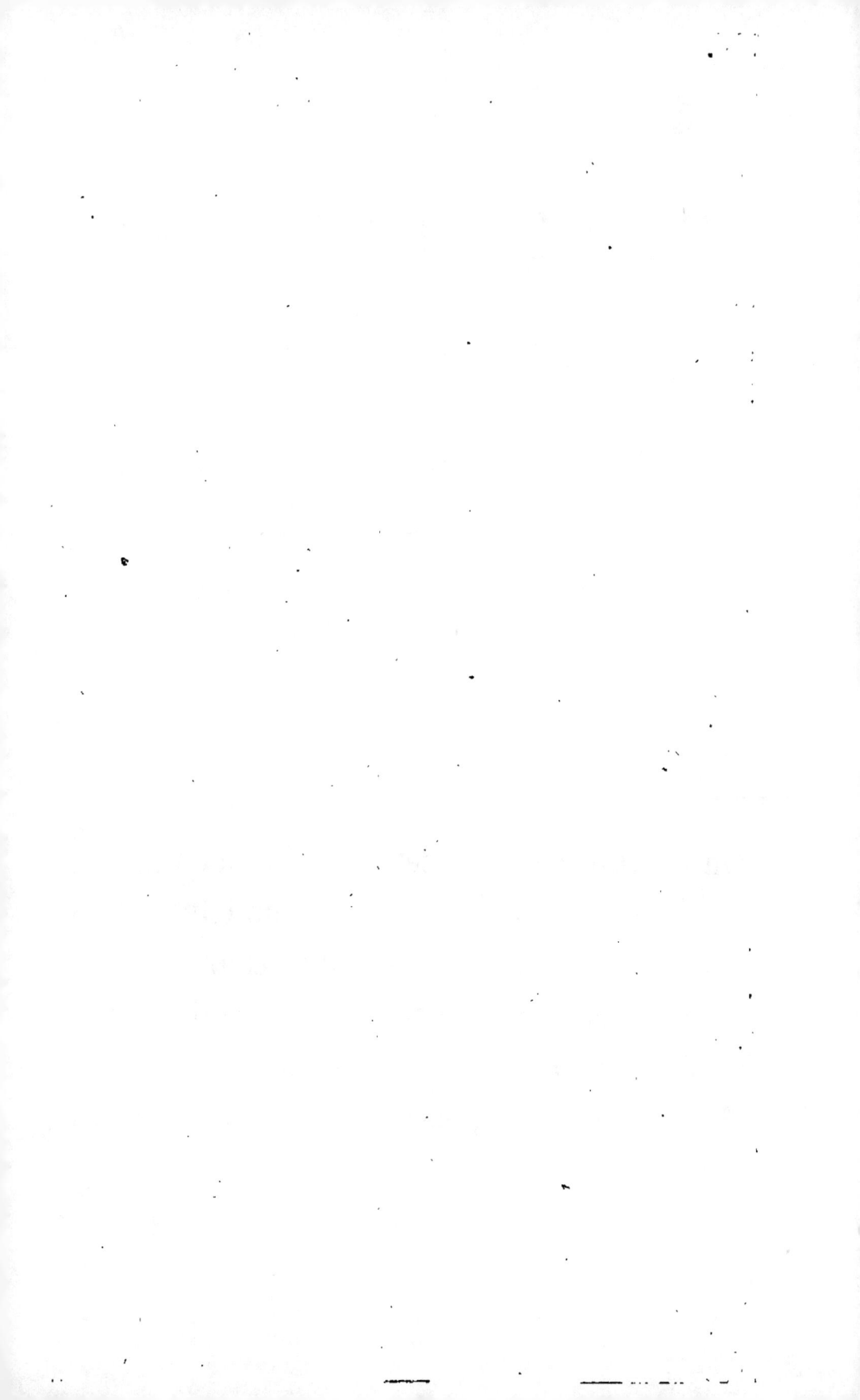

CE QUE L'ON VOIT

TOUS LES JOURS

I

On ne voit pas tous les jours un commerçant honnête, une femme fidèle, un ministre intègre, un gouvernement juste, un fils respectueux, un Anglais sobre, un journal incorruptible, un bifteck bien cuit et des œufs bien frais.

Mais il y a des choses que l'on voit tous les jours.

1

Ainsi l'on voit tous les jours une femme qui trompe son mari ou un mari qui trompe sa femme, un être intelligent amoureux d'une fille stupide, des chiens plus heureux que des hommes et des hommes plus bêtes que des chiens.

Mais, avant toutes choses, ce que l'on est sûr de voir tous les jours, c'est ce que nous allons voir ensemble.

Un soir de l'année dernière, qui pourrait aussi bien être un soir de cette année, l'histoire que nous allons conter étant de celles qui arrivent tous les soirs, un homme de vingt-sept à vingt-huit ans se promenait sur le boulevard, de la rue du Helder à la rue Grange-Batelière, *et vice versa.*

Cet homme était vêtu comme un homme qui a douze ou quinze mille livres de rentes, et qui se promène par une belle soirée du mois d'août.

Il avait l'air distingué, mais il avait surtout l'air triste.

Il fumait et marchait nonchalamment, tenant son cigare d'une main et sa canne de l'autre.

Il était seul.

Il se promenait évidemment sans but, car de temps en temps il s'arrêtait devant la boutique d'un marchand de tableaux ou d'un bijoutier, regardait quelques instants les bijoux et les toiles et reprenait sa promenade.

En vain vous lui eussiez demandé ce qu'il venait de voir. Il avait regardé, il n'avait pas vu. Cette boutique lui avait été un prétexte pour s'arrêter et pour substituer momentanément l'immobilité à la marche. Mais de là à pouvoir distraire l'ennui du promeneur, il y avait trop loin, et trois minutes après cette station, si on lui eût dit qu'il venait de regarder des tableaux et des bijoux, il eût été fort étonné.

Bref, il se promenait comme un homme ennuyé et qui ne sait que faire.

Si vous voulez savoir son nom, donnez-lui le nom que vous voudrez : Henri, Jules ou Édouard. Édouard vous va-t-il? Va pour Édouard.

Notre homme s'appelait donc Édouard.

Nous ferons remarquer encore une fois au lecteur que nous lui racontons en ce moment une histoire qui a le double mérite d'avoir été vraie dans le temps où elle s'est passée et d'être vraie tous les jours, hier comme aujourd'hui, aujourd'hui comme demain.

Quand le lecteur la connaîtra, il aura acquis l'avantage de pouvoir se dire à chaque instant du jour ou de la nuit si cela l'amuse :

— A l'heure qu'il est, l'histoire que j'ai lue se passe quelque part.

Édouard se promenait donc sans raison, sans besoin, sans plaisir.

Il avait peut-être été cinq ou six fois ainsi de la rue du Helder à la rue Grange-Batelière et de la rue Grange-Batelière à la rue du Helder, quand il s'arrêta de nouveau, et regarda l'heure à sa montre.

Il était huit heures.

Édouard, pour varier ses distractions, s'approcha d'une chaise et s'assit avec tous les gens qui s'asseyent l'été, devant le café de Paris, et qui forment deux haies au milieu desquelles monte et descend le flot des promeneurs oisifs.

Quand il fut assis, il mit une autre chaise devant lui, posa ses deux pieds sur un des bâtons, et se dandina, tout en continuant de fumer.

De temps en temps, il voyait passer un ami, lui faisait un salut de la main ou portait cette main à son chapeau, selon le degré d'intimité où il était avec le passant, après quoi il continuait à se dandiner.

Cette existence, comme vous le voyez, manquait d'émotions, ou du moins d'émotions extérieures, car, en l'examinant bien, on eût vu qu'Édouard était préoccupé, et que quelque chose veillait encore dans cette espèce de lanterne éteinte qu'on appelle un homme qui s'ennuie.

La Fontaine a dit qu'un poltron trouve toujours un plus poltron que soi. Il en est de même des gens ennuyés : ils trouvent toujours un homme qui s'ennuie plus qu'eux.

C'était peut-être pour cela qu'Édouard attendait.

Alors il ne fut pas trompé dans son attente, car au bout d'une demi-heure un de ses amis, qui se promenait tout seul, l'ayant reconnu, s'approcha de lui et lui tendit la main.

— Comment vas-tu ? dit le nouveau venu.

— Bien, et toi ?

— Moi aussi.

C'est ordinairement ainsi que les conversations commencent, et nos deux personnages n'étaient pas gens à commencer d'une façon plus originale.

2

Car n'allez pas croire que vous ayez affaire à un homme exceptionnel. Édouard doit être rangé dans la catégorie des hommes ordinaires, dans ce qu'on nomme le commun des martyrs. Quant à son ami, il n'avait rien de plus remarquable que lui. D'ailleurs, il n'est qu'un accident dans cette histoire.

Il peut s'appeler Jules si vous le voulez bien.

— Que fais-tu ici? reprit Jules.

— Je fume. Et toi?

— Moi, je me promène. Veux-tu te promener avec moi?

— Assieds toi plutôt.

— Ma foi non! j'aime mieux marcher.

— Tu vas quelque part?

— Non. Que fais-tu ce soir?

— Rien, tu le vois.

— Où est... madame?

— Elle est chez elle.

— Vous êtes toujours bien ensemble?

— Toujours.

Tout cela était dit avec le ton indifférent de

deux hommes qui n'ajoutent aucune importance à ce qu'ils disent.

Jules tira sa montre.

— Huit heures trois quarts, dit-il, je te quitte.

— Où vas-tu donc?

— Ma foi, je vais un instant au Cirque.

— Eh bien! je t'accompagne.

Jules ouvrit la portière d'un coupé vide qui stationnait là, et sur le siége duquel le cocher dormait.

— Cocher, fit le jeune homme en secouant le manteau de l'homme, qui se réveilla à cette secousse, au Cirque, et vite!

La voiture partit lentement.

Les deux amis fumaient sans mot dire.

— Que diable as-tu donc ce soir? demanda Jules après quelques instants de silence, tu as l'air de t'ennuyer horriblement.

— En effet, je m'ennuie.

— Pourquoi?

— Parce que je m'ennuie Si je savais pourquoi je m'ennuie, dans une heure je ne m'ennuierais plus.

— Tu es amoureux?

— Certes non.

— Des ennuis de ménage?

— Justement.

— Pourquoi ne romps-tu pas?

— Avec cela que c'est facile!

— Si c'était moi...

—Ah! pardieu! on dit toujours: Si c'était moi, et, quand on y est pincé, on ne sait plus comment faire. Je voudrais bien t'y voir, toi, qui dis: Si c'était moi! Moi aussi j'ai dit à d'autres : Si c'é- tait moi, — et aujourd'hui!...

— On s'en va tout bonnement.

— Est-ce que c'est possible?

— Qui te retient?

— Sait-on par quoi on est retenu? voit-on seu- lement les fils qui vous attachent les pattes? On veut s'en aller, on sent qu'il faut que l'on s'en aille : la raison, les relations, l'expérience, tout l'exige. On n'aime plus la femme et l'on ne s'en va pas. Pourquoi? Demande-le à d'autres. Quant à moi, je ne le sais pas.

— Depuis combien de temps vis-tu avec elle?

— Depuis trois ans.

— Et elle t'aime toujours?

— Elle le dit.

— Et toi ?

— Oh! moi, je ne l'aime plus.

— Et tu n'as rien à lui reprocher ?

— Rien.

— Elle ne t'a jamais trompé *!*

— Jamais.

— Tu en es sûr ?

— Oh! quant à cela, oui, j'en suis sûr.

Voilà une vanité qui n'abandonne jamais les hommes, même lorsqu'ils sont laids, même lorsqu'ils sont vieux, même lorsqu'ils sont trompés, surtout lorsqu'ils sont trompés.

Ce que j'en dis n'est pas pour porter atteinte à la vertu de la maîtresse d'Édouard. Depuis trois ans on n'avait pas fait un cancan sur elle. Avait-elle été fidèle, c'est ce dont personne n'eût pu répondre; mais, en tous cas, elle passait pour l'avoir été.

— S'aperçoit-elle que cette vie-là t'ennuie? reprit Jules.

— Il faudrait qu'elle fût aveugle pour ne pas le voir.

— Que dit-elle ?

— Elle pleure.

— Comme c'est gai !

— Ne m'en parle pas, mon cher ; il y a des moments où j'ai envie de me jeter à l'eau, ma parole d'honneur, où de me brûler la cervelle. Ah! ne fais jamais la folie de vivre maritalement avec une femme.

— Dis-lui que tu es forcé de partir.

— Elle ne me croira pas. Elle sait bien que rien ne m'appelle hors de Paris. Elle connaît mieux mes affaires que moi.

— Trompe-la.

— C'est ce que j'ai fait.

— L'a-t-elle su ?

— Parfaitement.

— Qu'a-t-elle dit ?

— Elle m'a fait des scènes d'abord, puis elle n'a plus rien dit ; mais elle a tant pleuré, que j'ai eu pitié d'elle et que je ne la trompe plus.

— Alors tu l'aimes encore ?

— Non, je ne l'aime plus ; mais, après tout, je n'ai pas le droit de lui faire du mal à cette femme, qui ne m'a jamais rien fait. Que veux-tu qu'elle devienne si je la quitte ?

— Elle prendra un autre amant.

— Tu ne la connais pas. Elle est capable d'en mourir.

— Est-ce que les femmes meurent de cela ?

— Je sais bien ce que je dis. Un jour, fatigué de ces scènes de jalousie, abruti par cette vie incompatible avec mon âge et mon caractère, je m'en suis allé. J'ai pris une chambre dans un hôtel. C'était l'hiver. Toute la nuit elle est restée assise et grelottant sur une borne à ma porte, et le lendemain elle a recommencé. Le troisième jour elle était dans son lit avec la fièvre, et se mourait, littéralement. Est-ce que je pouvais laisser cette malheureuse créature dans cet état-là ?

— Tu y es retourné alors ?

— Oui.

— Elle a guéri?

— Certainement.

— Elle eût aussi bien guéri sans toi. Il fallait profiter de l'occasion pour partir, et aujourd'hui tu en serais débarrassé. Avoue que tu l'aimes toujours, ou bien que tu te refuses à l'idée qu'elle ait un autre amant, non pas parce que c'est impossible, mais parce que tu sens que cela te ferait

de la peine qu'elle dît à un autre homme ce qu'elle
t'a dit pendant trois ans et ce que tu crois qu'elle
ne peut plus dire qu'à toi maintenant.

Édouard ne répondit rien.

— Cela est si vrai, reprit Jules, que si, dans
ce moment, au lieu d'être convaincu qu'elle se
lamente de ton absence et qu'elle t'attend en pleurant, tu croyais qu'elle fait des coquetteries avec
un de tes amis, tu rebrousserais chemin et tu
rentrerais chez toi. Les hommes ne sont confiants
que par vanité, mon cher, et, si les femmes étaient
bien imbues de ce principe, au lieu de faire des
scènes à l'homme qui veut les quitter, elles n'au-
raient pour le retenir qu'à avoir l'air de consen-
tir à ce qu'il parte et à être prêtes à le remplá-
cer, même avant son départ. Heureusement pour
nous, toutes ne savent pas cela. Qui Anaïs avait-
elle pour amant avant toi?

— Est-ce que je le sais?

— Certainement tu le sais, puisque c'est chez
son amant que tu l'as connue. Un petit brun; eh
pardieu! je ne connais que ce nom-là: le comte
de... le comte de... enfin, le nom n'y fait rien;
eh bien, mon cher ami, quand il a voulu la quit-

ter, elle a fait les cent coups : elle l'a suivi, elle
a donné des soufflets à sa nouvelle maîtresse; elle
a voulu lui brûler la cervelle à ce pauvre garçon,
elle l'eût empoisonné, que sais-je, moi. Il a tenu
bon, il l'a quittée, et elle t'a pris, et elle est prête
à faire aujourd'hui contre toi ce qu'elle a déjà
fait contre lui. Tu es bien bon de te gêner.

Soit que ce que Jules disait fût vrai et qu'É-
douard ne trouvât rien à répondre, soit que, ce
qui est plus vraisemblable, il fût contrarié des
souvenirs que son ami venait d'évoquer, Édouard
ne répondit pas une syllabe.

Jules, de son côté, craignait d'avoir été trop loin,
et, pour changer la conversation brusquement, il
cria au cocher :

— Allons, cocher, plus vite; vous ne marchez
pas, mon brave homme !

La voiture se mit à rouler un peu plus rapidement, et s'arrêta quelques instants après devant le Cirque, sans que les deux amis se fussent
adressé la parole depuis les derniers mots que
nous venons de rapporter.

Ils prirent leurs billets et entrèrent.

Le Cirque était plein.

3

Édouard et Jules restèrent debout du côté où les chevaux entrent, et où se tiennent ordinairement ceux qui croient se poser en causant avec les écuyères et en leur adressant des compliments lorsqu'elles entrent dans le cirque ou lorsqu'elles en sortent.

Le spectacle touchait à sa fin.

Édouard ne disait rien. Il regardait sans curiosité ce que l'on faisait, et jouait avec sa canne.

Jules lorgnait les femmes.

— Est-ce que cela t'amuse? demanda Édouard à Jules, un quart d'heure après qu'ils étaient entrés.

— Non, aussi ne suis-je venu ici que pour trouver avec qui souper.

— Alors. je m'en vais, moi.

— Tu ne veux pas souper?

— Non. Je rentre.

— Tu as peur d'être grondé?

— Non, mais je ne veux pas souper.

— Attends au moins la fin du spectacle.

Édouard s'accouda et attendit.

Cinq minutes après, Jules reprit :

— Dis donc, Édouard.

— Quoi?

— Vois-tu ces deux petites femmes qui sont là-bas?

— Où?

— Sur le second rang. Il y en a une avec un chapeau de paille et une autre avec un chapeau de crêpe. Un mantelet bleu et un mantelet gris. Vois-tu?

— Oui.

— Si tu veux, nous irons souper avec elles.

— Tu les connais?

— Beaucoup.

— Elles sont jolies?

— Oui. Allons-nous leur parler?

— Non, décidément il faut que je rentre.

— Tu as donc quelque chose à faire chez toi?

— Oui.

— Viens donc, Anaïs ne te dira rien.

— Ce n'est pas pour cela, mais sérieusement il faut que je rentre de bonne heure.

— Adieu alors, mais je vais offrir à souper à mes deux amies. Sans rancune.

— De quoi?

— De ce que je t'ai dit en venant.

— Es-tu fou?

Les deux amis échangèrent une poignée de main. Jules alla rejoindre les deux femmes, qui venaient de le reconnaître et qui lui avaient fait de l'œil un signe qui voulait certainement dire : Venez nous parler.

Quant à Édouard, il avait quitté le théâtre et marchait rapidement vers le boulevard.

Il demeurait rue Laffitte.

Nous prévenons le lecteur qu'Édouard était sorti avec la ferme intention de ne rentrer que le plus tard possible.

Pourquoi avait-il si subitement changé d'avis?

S'était-il en effet rappelé qu'il eût besoin de rentrer chez lui?

Non.

Mais, si le lecteur a quelque peu la connaissance du cœur humain, il a déjà deviné pourquoi Édouard tenait tant à revoir Anaïs plus tôt qu'il n'y comptait en sortant.

S'il n'a pas cette importante science, qu'il lise attentivement le chapitre suivant : il saura à quoi s'en tenir sur la subite résolution que venait de prendre notre héros, héros vulgaire s'il en fut.

II

Nous faisons ici une étude de détails invisibles à l'œil nu de ceux qui ne sont pas de sérieux observateurs.

Tout le monde comprendra la vérité de ce que nous écrivons ; mais dix personnes seulement sur cent ont pu être appelées à jouer le rôle principal dans cette histoire déjà vieille et toujours jeune, qui, comme le monde, recommence tous les matins.

A quoi Édouard pensait-il en revenant chez lui ou plutôt chez eux ? Il ne le savait pas. Ce qu'il allait dire et faire en entrant, il eût été incapable de le dire, et cependant il marchait plus vite que s'il eût été appelé par la plus importante des affaires.

Il arriva enfin.

— Madame est-elle sortie? demanda-t-il au portier.

— Non, monsieur.

Édouard monta trois étages et sonna. La femme de chambre vint lui ouvrir la porte.

Une lampe à demi baissée avait été déposée dans l'antichambre, pour éclairer Édouard, dans le cas où il serait rentré après le coucher de la femme de chambre.

Édouard prit cette lampe, traversa la salle à manger, un élégant salon plein de tableaux, de fleurs et de chinoiseries, et ouvrit brusquement la porte de la chambre à coucher.

— Vous m'avez fait peur, dit avec un petit cri une femme appuyée sur le balcon de la fenêtre.

— Ne m'attendiez-vous pas? répondit sèchement Édouard.

— Je ne vous attendais pas si tôt, mon ami.

— Pourquoi donc?

— Parce qu'ordinairement vous rentrez plus tard.

— Encore des reproches !

— Je ne vous fais pas de reproches, je vous dis seulement que j'ai été un peu saisie par le bruit que vous avez fait en ouvrant cette porte, parce que, ordinairement, vous ne rentrez pas de si bonne heure.

— Je rentre à l'heure où il me plaît de rentrer. C'est bien mon droit, je pense !

— Je ne le conteste pas, et je ne sais pas pourquoi vous me cherchez querelle pour ce cri bien involontaire.

Pendant ce temps, Édouard avait posé la lampe sur la cheminée, avait ôté son chapeau, s'était assis sur le canapé et passait ses mains dans ses cheveux en poussant un soupir d'ennui.

— Voulez-vous que je ferme la fenêtre ? reprit Anaïs.

— Fermez-la si vous voulez.

— Vous n'avez pas froid ?

— On n'a pas froid au mois d'août à onze heures du soir.

Anaïs ne répondit rien, et, s'approchant de la cheminée, elle prit une lime et se mit à arranger ses ongles. Anaïs était jolie. Elle avait de grands yeux noirs, le teint blanc, la bouche petite, les dents blanches. Ses bandeaux noirs dénotaient une nature ardente. Ses épaules étaient belles sous la transparence de sa robe de mousseline. Sa taille était fine, ses bras bien faits, ses pieds mignons.

Enfin c'était ce que l'on appelle une jolie femme, mais voilà tout. Sa beauté manquait de finesse, sinon de grâce, et il y avait dans cette tête séduisante, au premier abord, un côté commun et maladroit. On sentait que cette femme devait se tromper souvent et manquer de toutes les ressources de ce sentiment intelligent qui fait la véritable supériorité des femmes sur nous.

La conversation avait été commencée de telle façon, que ni Édouard ni Anaïs ne semblaient avoir envie de la continuer.

Quiconque eût pensé cela se fût trompé.

Tous deux désiraient la reprendre, mais aucun des deux n'osait ou plutôt ne voulait adresser la parole à l'autre.

Alors il arriva ce qui arrive toujours dans ces cas-là. Au bout de dix minutes de silence, Édouard et Anaïs, pris en même temps de la crainte qu'il ne se prolongeât, ouvrirent la bouche en même temps pour dire quelque chose.

Tous deux s'arrêtèrent.

— Vous alliez dire? demanda Anaïs.

— Parlez, parlez, fit Édouard en s'inclinant.

— Oh! je n'avais rien de bien intéressant à vous communiquer.

— Ni moi non plus.

Nouveau silence.

Cependant il est évident, pour nous qui connaissons Édouard, qu'il désirait que la conversation se rétablît, car il méditait certainement quelque chose. Seulement il voulait que ce fût Anaïs qui attaquât.

Charmante chose que la fin d'une liaison, où ceux qui quelque temps auparavant s'aimaient et ne pouvaient vivre l'un sans l'autre en arrivent à se traiter en ennemis, et à se surveiller mutuellement jusque dans leurs paroles.

— Voyons, Édouard, fit Anaïs en s'approchant de son amant, en prenant sa main et en s'asseyant à côté de lui; voyons, qu'avez-vous encore ce soir?

— Mais je n'ai rien, je vous assure.

4

— Vous paraissez triste, contrarié. Est-ce encore moi qui en suis cause?

— En aucune façon.

— Je vous ennuie, n'est-ce pas?

— Je ne dis pas cela.

— Mais vous le pensez. Est-ce ma faute si vous ne m'aimez plus?

— Je vous aime toujours.

— Comme vous me dites cela!

— Comment voulez-vous que je vous le dise? Quand on vit depuis trois ans avec une femme, on ne peut passer sa vie à lui dire qu'on l'aime. Elle le sait, cela suffit.

— C'est juste.

Anaïs retira sa main de la main d'Édouard, se leva, s'appuya sur le velours de sa cheminée, et se mit à jouer avec la chaîne d'un lorgnon qui se trouvait là.

— Qu'est-ce que vous avez encore? fit Édouard, voilà que vous faites la moue.

— Moi, je ne vous dis rien.

— Vous ne me dites rien, mais vous faites une figure!...

— Quelle figure voulez-vous que je fasse? Je

vois que je vous ennuie, je me lève et je ne vous
dis plus rien. On ne peut pas au contraire être
plus aimable.

— Tenez, Anaïs, cette vie-là n'est pas tenable!
s'écria Édouard en se levant à son tour, en mettant ses mains dans ses poches, et en se prome-
nant de long en large dans la chambre. Il faut en
finir!

— Je ne sais vraiment pas ce que vous avez ce
soir, vous rentrez de mauvaise humeur, vous me
maltraitez parce que j'ai peur en vous entendant
venir; je m'approche de vous, je vous prends la
main, je veux vous embrasser, je vous demande
ce que vous avez, et vous me recevez comme un
chien. Est-ce ma faute si vous avez vu ce soir des
gens qui vous ont contrarié?

— Je n'ai vu personne qu'un de mes amis!

— Je ne vous demande pas compte de votre
soirée.

— C'est extraordinaire. C'est ordinairement là
première chose que vous faites quand je rentre.

— Vous allez recommencer à me dire des im-
pertinences comme hier, comme tous les jours
depuis un mois.

— Quelle impertinence y a-t-il dans ce que je vous dis ?

— Je vois bien où vous voulez en venir, Édouard.

Et Anaïs porta son mouchoir à ses yeux, car elle n'avait pu retenir ses larmes.

— Allons, bien ! voilà les larmes maintenant ! s'écria Édouard. Adieu.

En même temps il prenait son chapeau et ouvrait la porte.

Anaïs essuya ses yeux à la hâte, et, la voix toute tremblante encore, elle dit en courant après Édouard :

— Vous sortez ?

— Oui.

— Où allez-vous ?

— Je vais me promener.

— Pourquoi ?

— Parce qu'il ne m'amuse pas de vous voir pleurer.

— Je ne pleure pas.

— Vous ne pleurez pas ?

— Non, mon ami.

— Pourquoi avez-vous les yeux rouges, alors ?

— Parce que j'ai pleuré toute la soirée.

— Quelle vie! quelle vie! mon Dieu! s'écria Édouard en fermant les poings et en se laissant tomber sur un fauteuil du salon.

Anaïs courut se mettre à genoux devant lui, et, s'essuyant les yeux une dernière fois, elle ajouta d'un ton suppliant :

— Allons, ne te mets pas en colére. Que veux-tu! c'est plus fort que moi. Je ne puis pas m'empêcher de pleurer quand tu n'es pas là. Pardonne-moi.

Édouard fit un geste d'impatience.

— Voyons, reprit-elle, embrasse-moi, je ne pleurerai plus.

— Vous croyez donc qu'il est drôle de ne pas pouvoir sortir sans se dire qu'on laisse derrière soi une femme qui va pleurer tout le temps qu'on sera dehors! En vérité, c'est de la tyrannie! Je ne peux pas passer la soirée avec un de mes amis sans vous trouver en larmes quand je rentre. Que diable! il y a assez d'occasions de pleurer dans la vie, sans s'en créer encore, et surtout pour de pareilles futilités.

— Eh bien! ce sera aujourd'hui la dernière fois, je te le promets.

— Vous dites la même chose tous les jours.

— Cela prouve que je vous aime, voilà tout.

— On prouve aux gens qu'on les aime en leur rendant la vie heureuse, et non en pleurant du matin au soir.

— Voyons, embrasse-moi, je ne pleurerai plus. Tu feras tout ce que tu voudras et je ne te dirai plus rien. Est-ce bien?

— Je ne vous en demande pas tant. Je vous demande seulement de ne pas voir autre chose que ce qui est. Je sors, je rencontre un ami, je rentre; c'est bien simple, je crois.

— N'en parlons plus. Tu m'aimes toujours?

— Vous le savez bien.

— Alors pourquoi me dis-tu : Vous?

— Tu le sais bien.

Anaïs sauta au cou d'Édouard, et l'embrassa à plusieurs reprises. Elle lui ôta son chapeau, le posa sur une chaise et s'assit sur les genoux de son amant.

—Est-il venu quelqu'un ce soir? reprit Édouard.

—Oui.

— Qui donc?

— Le tapissier.

— Qu'est-ce qu'il veut?

— Il veut de l'argent.

— Combien lui doit-on encore?

— Trois mille francs.

—Que le diable l'emporte, lui et ses meubles!
Anaïs baissa la tête.

—Si j'avais su, dit-elle, je ne t'aurais pas dit
qu'il était venu.

— On ne voit que des créanciers ici!

—Ce n'est pas moi qui ai fait les dettes, je
pense.

— Ce n'est pas pour moi que je les ai faites en
tous cas.

Anaïs se leva.

— Où allez-vous? fit Édouard.

— Je vais me coucher.

— Qu'est-ce que vous avez encore?

—Rien. Vous vous fâchez à propos de tout.

— Je ne puis donc pas faire une observation,
maintenant?

—Vous êtes libre.

En même temps Anaïs ôtait sa ceinture, et com-
mençait à se déshabiller.

Édouard resta seul dans le salon.

— Quand donc en finirai-je avec cette vie-là? murmura-t-il. Des larmes, des scènes, des créanciers! c'est à n'y pas tenir!

— Venez par ici, dit Anaïs de sa chambre à coucher et de sa voix la plus douce.

Édouard se leva et rentra dans l'autre chambre, toujours les mains dans ses poches et avec une figure sépulcrale.

Anaïs défaisait son corset, et, malgré lui, Édouard considérait sa maîtresse.

— Si cela te gêne de payer ce tapissier en ce moment, dit celle-ci, qui employait tous les moyens pour dérider son amant, et qui essayait de chasser une à une les causes de sa mauvaise humeur; si cela te gêne de payer M. Ridel (il paraît que le tapissier s'appelait Ridel), je vendrai des bijoux et nous le payerons.

— Qui est-ce qui vous prie de vendre vos bijoux? répliqua aigrement Édouard, est-ce que j'ai l'habitude de payer mes dettes avec les bijoux des femmes? Vous moquez-vous de moi?

— C'est vous qui m'avez donné ces bijoux: vous êtes bien libre d'en disposer.

— Est-ce que je reprends ce que je donne?

Vous ne savez dire que des sottises ; en voilà assez. Vous me confondez avec quelque autre de vos anciens amants sans doute !

Ce mot blessa Anaïs, qui venait de s'égratigner la main avec la baleine de son corset, et qui répliqua :

— Mes anciens amants vous valaient bien, mon cher ami.

— Retournez avez eux, alors.

— Si j'avais voulu, cela n'eût dépendu que de moi.

— Veuillez-le donc une bonne fois, et que je n'entende plus parler de vous, car, ma parole d'honneur, j'en ai par-dessus les épaules !

Anaïs sonna.

— Qu'est-ce que vous voulez ?

— Je veux ma femme de chambre.

— Pourquoi faire ?

— Pour qu'elle aille me chercher une voiture.

— Vous allez sortir ?

— Oui.

— Sortez !

En ce moment la femme de chambre parut.

— Allez me chercher un fiacre, lui dit Anaïs.

La femme de chambre sortit.

Anaïs relaça son corset, passa sa robe, se jeta un cachemire sur les épaules, mit son chapeau, s'adossa à la cheminée et attendit.

Édouard ne disait plus rien.

— On ne torture pas ainsi une femme! murmura Anaïs presque avec le ton de la menace.

Édouard ne répondit pas.

— Il n'y a pas que vous au monde, Dieu merci, et je ne souffrirai pas plus longtemps de vos insolences.

Même silence de la part d'Édouard.

— Traiter ainsi une femme, continua Anaïs, une femme qui se sacrifie depuis trois ans pour vous, c'est trop fort! Mais cette fois c'est bien fini, je vous en réponds!

Édouard n'avait pas l'air d'entendre. Il dandinait sa jambe gauche, qu'il avait passée par-dessus sa jambe droite.

La femme de chambre reparut.

— Le fiacre que madame a demandé est en bas, dit-elle.

— C'est bien, fit Anaïs; descendez avec moi, vous m'accompagnerez.

Elle fit un salut de la tête à Édouard et passa.

Édouard ne bougea point.

Anaïs sortit et ferma violemment la porte du carré...

Édouard resta seul, se leva, s'approcha de la glace, passa la main dans ses cheveux en se regardant, vint à la fenêtre, la ferma avec bruit au moment où Anaïs montait dans son fiacre, ôta son habit, ouvrit un livre, et s'assit sur le canapé dans la position d'un homme qui lit.

Nous devons à la vérité de dire qu'il ne lisait pas.

Il écouta si la voiture s'éloignait, il n'entendit rien.

Quelques instants après on frappa à la porte de la chambre.

— Entrez, dit-il.

C'était la femme de chambre, Rosalie.

— Madame a oublié ses gants, elle m'envoie les chercher, dit cette fille.

Un imperceptible sourire de doute se dessina sur les lèvres d'Édouard.

— Cherchez, dit-il.

La femme de chambre chercha pendant cinq

minutes sans rien trouver et sans qu'Édouard lui
adressât la parole ; après quoi elle redescendit.

Le silence de la rue se continua. Le fiacre ne
faisait pas un mouvement.

Cinq minutes s'écoulèrent encore.

On frappa de nouveau.

— Entrez, dit Édouard.

C'était encore la femme de chambre.

— Monsieur, dit-elle, madame désire vous parler. Voulez-vous descendre ?

— Si madame veut me parler, qu'elle monte ;
nous serons mieux ici qu'en bas.

— Elle ne veut pas monter.

— Et moi, je ne veux pas descendre.

La femme de chambre alla porter cette réponse
à sa maîtresse.

Édouard entendit le bruit du fiacre qui s'en
allait.

— Elle s'en va pour tout de bon, pensa-t-il.

Et il s'apprêta à ouvrir la fenêtre, afin de voir
quelle direction prenait la voiture.

Au moment où il mettait la main sur l'espa-
gnolette, la porte de la chambre s'ouvrit brusquement, et Anaïs, pâle, la bouche irritée, entra en

ôtant les gants que la femme de chambre était
venue chercher et qu'elle n'avait pas trouvés.

— C'est une infamie ! murmura Anaïs.

— Quoi donc ? demanda Édouard.

— Ce que vous venez de faire.

— Qu'ai-je fait ?

— Laisser ainsi une femme toute seule dans la
rue à minuit ; c'est une lâcheté ; mais je me ven-
gerai!

Et tout en disant cela, Anaïs ôtait son châle et
son chapeau, et la femme de chambre les emportait.

— C'est vous qui avez voulu sortir, dit Édouard,
qui, ayant le sang-froid de son côté, se sentait le
plus fort. Pourquoi n'êtes-vous pas sortie ?

— Parce que je suis ici chez moi, et que je
serais bien bonne de m'en aller. Si cela ne vous
convient pas, allez-vous-en!

— Ma foi non, il est trop tard ce soir.

— O mon Dieu ! mon Dieu ! s'écria Anaïs,
dont les dents claquaient de fièvre et de colère et
en pleurant à chaudes larmes, qu'est-ce que j'ai
fait au ciel pour être si malheureuse ?

Et, se jetant sur son lit, elle cachait sa tête dans

ses mains pour étouffer ses sanglots, et ses mains crispées déchiraient en même temps les dentelles des malheureuses taies d'oreiller.

J'ai remarqué que, dans ces scènes-là, les étoffes et les dentelles souffrent beaucoup.

— Voilà maintenant les grincements de dents et les attaques de nerfs, murmura Édouard. C'est tous les jours la même chose.

— Faut-il que vous soyez lâche pour insulter une femme qui ne peut pas se défendre! Si j'étais homme, vous n'agiriez pas ainsi.

Il arrive toujours un moment, dans ces sortes de querelles, où la femme, quand elle est de la nature et de l'espèce d'Anaïs, bien entendu, c'est-à-dire quand elle ne peut appeler à son secours ni l'éducation ni la dignité, ne recule devant aucune des épithètes que peuvent se donner entre eux deux charretiers qui se disputent, ou deux harangères qui s'en veulent.

Édouard était habitué à cette dernière péripétie.

— Très-bien, dit-il, passons aux grossièretés.

Et il alla ouvrir la porte.

— Rosalie? cria-t-il.

— Monsieur! répondit la femme de chambre.

—Venez déshabiller madame, qui est souffrante et veut se coucher.

La femme de chambre et la maîtresse restèrent seules dans la chambre à coucher.

Édouard revint dans le salon et s'assit en se disant :

— Quand on pense qu'il y a des gens qui voudraient être à ma place!

Il mit ses coudes sur ses genoux et laissa tomber sa tête dans ses mains.

De temps en temps il entendait, au milieu des menaces et des paroles entrecoupées d'Anaïs, Rosalie qui lui disait :

— Voyons, madame, calmez-vous, ne vous faites pas de mal. Ce ne sera rien.

Anaïs se coucha.

Quand elle fut couchée, Rosalie vint trouver Édouard dans le salon :

— Monsieur, lui dit-elle, allez, je vous en prie, auprès de madame, elle pleure, elle a le frisson, elle est malade.

Édouard se leva comme un homme qui se résigne et passa dans la chambre à coucher.

Deux heures après, Anaïs et Édouard dormaient.

Maintenant, le lecteur a-t-il deviné pourquoi Édouard avait fait une scène à sa maîtresse sans que celle-ci l'y eût excité par quoi que ce fût ?

S'il ne l'a pas deviné, nous allons le lui dire.

Édouard avait cherché querelle à Anaïs parce que Jules lui avait dit qu'elle avait fait autrefois, pour le comte dont il ne s'était plus rappelé le nom, ce qu'elle faisait aujourd'hui pour lui, et Édouard avait, comme la plupart des hommes, comme tous les hommes même, la jalousie rétrospective, cette terrible jalousie qui demande toujours compte du passé, et qui ne le pardonne pas ; jalousie d'autant plus difficile à combattre qu'elle est sûre de ce qu'elle dit, et qu'elle ne peut pas douter, puisqu'elle a toujours devant les yeux le fait accompli et connu de plusieurs, ce qui est pis.

Il était donc toujours amoureux d'Anaïs? me direz-vous.

Allons donc !

Est-ce qu'on n'est jaloux que par amour ?

Et l'amour-propre, à quoi servirait-il ?

III

Le lendemain se passa comme tous les lende-
mains de ces sortes de scènes.

La femme est abattue, l'homme se repent, parce
qu'il sent dans le fond de son âme qu'il a eu tort
et qu'il a abusé de la supériorité qu'a, dans une
liaison, l'homme sur la femme, l'homme qui n'aime
plus, bien entendu.

Il y a toujours un moment où l'homme, se rap-
pelant les preuves d'amour que sa maîtresse lui
a données et les détails de l'intimité heureuse, a
regret du chagrin qu'il lui cause. La femme qui
a la nuit devant elle pour tout réparer connaît
et saisit ce moment de repentir, en profite avec

cette adresse féline qui la caractérise, et l'aurore retrouve amoureux ceux que la nuit avait laissés ennemis.

Tout le monde a passé par ce chemin-là.

Mais il y a en cela réaction comme en tout, c'est-à-dire qu'il faut que la femme soit bien adroite pour que cette nouvelle lune de miel dure vingt-quatre heures, et pour que l'homme qui, la veille, regrettait d'avoir été trop méchant, ne regrette pas le lendemain d'avoir été trop bon.

Décidément l'amour est une lutte.

Le lendemain tout alla donc assez bien.

Au point du jour, dans un embrassement matinal, Édouard et Anaïs s'étaient promis, l'un d'être plus souvent chez lui désormais, l'autre d'être moins exigeante ; tous deux de s'aimer toujours.

Il faisait beau.

Ils déjeunèrent assez gaiement.

De temps en temps Anaïs allait chercher la main d'Édouard sous la table, lui souriait et lui tendait ses lèvres.

Le repas s'interrompait de baisers comme un vrai repas de raccommodement.

A une heure Anaïs commença à s'habiller.

— Veux-tu que nous sortions ? dit-elle à Édouard.

— Volontiers.

— Nous irons faire un tour au bois.

— C'est cela.

Elle se mit à sauter comme une enfant.

La femme de chambre, devant qui toutes ces scènes se passaient, scènes de brouille et de raccommodement, ne pouvait s'empêcher de sourire.

— Quelle robe veux-tu que je mette ? disait Anaïs.

— Mets une robe rose.

— Avec un chapeau de paille ?

— Parfaitement.

— Tu m'aimes bien ?

— As-tu besoin de le demander ?

— Me trouves-tu toujours un peu jolie ?

Pour toute réponse, Édouard embrassait encore sa maîtresse.

— Nous allons au bois ?

— Oui.

— Et puis de là ?

— Où veux-tu aller ?

— J'ai une envie.

— Laquelle ?

— C'est de dîner aujourd'hui dehors et d'aller ce soir au spectacle.

— Eh bien ! nous dînerons dehors et nous irons au spectacle ensuite.

C'est par toutes ces petites concessions faites le lendemain d'une scène comme celle qui avait eu lieu la veille qu'une femme comprend son empire sur son amant et arrive maladroitement à en abuser.

Les femmes sont pour leur amant ce que sont les rois pour leurs peuples, humbles d'abord, tyrans ensuite. Oh! que je viens de faire là une comparaison commune !

La promenade et le dîner eurent lieu. Dire qu'Édouard s'y amusa, ce serait mentir. Il éprouvait ce qu'éprouve toujours un homme qui veut rompre avec sa maîtresse et qui se voit retomber de nouveau sans défense entre ses mains, après avoir laissé échapper une occasion de rupture. Aussi, malgré toutes ces prévenances, et peut-être même à cause de toutes ces prévenances d'Anaïs, notre héros était-il redevenu quelque peu maussade, et, quand il entra avec elle au théâtre du Palais-Royal, il était tout prêt à lui chercher querelle au moindre prétexte qu'elle lui fournirait.

Ils avaient pris une petite loge de rez-de-chaussée.

Édouard fit passer Anaïs devant lui et s'assit dans le fond de la loge.

— Mets-toi sur le devant, à côté de moi, lui dit Anaïs.

— C'est inutile, je suis bien là.

— Tu ne verras rien.

— Qu'est-ce que cela fait?

— Tu as peur qu'on ne te voie avec moi.

— Tu vas recommencer tes suppositions et tes méchancetés.

— Te voilà encore de mauvaise humeur.

— Je ne suis pas de mauvaise humeur, seulement je suis bien libre de ne pas me mettre sur le devant de la loge. D'ailleurs ce qu'on joue ne m'amuse pas.

— Pourquoi es-tu venu alors?

— Pour t'accompagner.

— Tu sais bien que je ne m'amuse pas quand tu t'ennuies.

Je ne te dis pas que je m'ennuie, je te dis seulement que j'aime mieux rester dans le fond de la loge.

Anaïs haussa les épaules, prit la lorgnette et se mit à lorgner dans la salle.

Elle salua quelqu'un.

— Qui salues-tu? demanda Édouard.

— Je salue Jules.

— Où est-il donc?

— Dans une loge de face avec deux femmes.

— Les deux femmes d'hier, sans doute.

— Quelles femmes d'hier?

— Deux femmes qui étaient au Cirque.

— Tu as donc été hier au Cirque?

— Oui.

— Tu ne me l'avais pas dit.

— Est-ce qu'il fallait absolument que je te le disse?

— Tu me fais toujours des cachotteries. Quelles sont ces femmes?

— Je ne les connais pas.

— Tu ne les connais pas et tu viens de les reconnaître, comment cela se fait-il?

— Il me semble cependant que c'est clair! reprit Édouard avec le ton de l'impatience.

— Oh! ne t'emporte pas.

— Veux-tu m'écouter?

— Parle.

— Hier je suis allé au Cirque.

— Bien.

— J'y ai vu Jules, qui m'a demandé si je voulais aller souper avec lui et ces deux femmes qu'il connaît.

— Tu as refusé?

— Tu le sais bien, puisque je suis rentré à onze heures.

— Tu aurais pu avoir soupé auparavant.

— Puisque je te dis que je n'ai pas soupé. Quelles raisons ai-je de te mentir?

— Depuis quelque temps tu me mens souvent.

— Quand on pense que nous ne pouvons pas passer une soirée sans nous quereller, fit Édouard en se croisant les bras avec impatience.

— Ah! que tu es maussade!

— Tiens, je vais fumer un cigare, sans quoi nous nous disputerons encore.

— Tu me laisses seule?

— As-tu peur qu'on t'enléve ? Je reviens dans un quart d'heure.

— Tu ne vas que là, bien sûr ?•

— Pour toute réponse, Édouard ouvrit la loge et sortit.

— L'insipide créature ! murmura-t-il quand il fut dans le corridor.

Anaïs en prit son parti, et se mit à écouter la pièce que l'on jouait.

Édouard descendit, alluma un cigare, et se promena de long en large dans le jardin.

Quand il eut fini son cigare il remonta.

C'était pendant un entr'acte.

En regagnant sa loge, il rencontra un avocat de ses amis, ou plutôt de ses connaissances, un de ces hommes graves à trente ans, et qui vivent complétement étrangers au monde que voyait Édouard.

Ces gens-là, quand ils rencontrent des jeunes gens comme Édouard, auxquels ils sont supérieurs en tout, n'en sont pas moins émus pour ainsi dire. Ce sont de ces gens qui, dans ces circonstances-là, disent : Vous devez savoir telle ou telle chose, vous qui êtes un lion.

Ces gens, que l'étude isole, regardent comme des dieux ceux qui vivent dans ce cercle d'oisifs qu'on appelle tantôt des merveilleux, tantôt des dandys, tantôt des fashionables, tantôt des lions. Eux qui n'ont pour maîtresse qu'une petite ouvrière en chapeaux ou en robes, ou la femme de quelqu'un de leurs clients, bourgeoise sentimentale et prétentieuse, ils regardent avec admiration ceux qui comptent leurs maîtresses par douzaines, et les prennent dans ce monde féerique, fermé pour eux, qu'habitent les actrices et les femmes entretenues.

Ce sont enfin des gens qu'un homme comme Édouard est heureux de rencontrer pour les ébouriffer, mot nouveau dont nous recommandons l'usage dans cette extension morale, en leur parlant femmes, chevaux et modes.

Édouard ne manqua pas cette bonne fortune.

— Que diable regardez-vous là, mon cher Paul, par la lucarne de cette loge ? lui dit notre héros en l'abordant.

— Ah ! c'est vous, cher ami, répondit l'avocat en rougissant un peu. Je regarde une bien jolie femme que vous devez connaître, *vous qui êtes un lion.*

— Où donc ? demanda Édouard, flatté de cette supposition, car chacun a l'amour-propre de sa spécialité.

— Tenez, là-bas, fit l'avocat en faisant hausser Édouard sur ses pieds, et en lui montrant la loge d'Anaïs, cette petite femme brune dans la loge qui touche à la scène.

— Je crois bien, que je la connais, répondit Édouard avec un mouvement d'orgueil et de joie que nous ne saurions décrire, et qu'il cacha le mieux qu'il put sous un ton indifférent.

— Vous la connaissez !

— Beaucoup.

— Pourquoi riez-vous ?

— Parce qu'on ne peut la connaître plus que moi.

— C'est votre maîtresse ?

— Justement !

Paul considéra Édouard avec admiration.

— Ah ! ah ! c'est une bien jolie personne ! reprit-il.

— Oui, elle est assez gentille.

— Dites qu'elle est charmante, mon ami. Je n'ai jamais vu une aussi jolie femme. — Ainsi elle est votre maîtresse ?

— Oui.

Paul avait l'air de douter et continuait à regarder Édouard.

— Vous en avez comme cela vingt par an ? demanda-t-il à Édouard.

— Non, voilà trois ans que je suis avec celle-là.

— Et vous êtes toujours bien ensemble?

— Toujours.

— Oh! la jolie personne! reprit une seconde fois Paul, elle a l'air distingué. A-t-elle de l'esprit ?

— Beaucoup.

— Quel gaillard vous faites !

— Voulez-vous que je vous présente à elle?

— Bien volontiers; mais je l'ennuierai peut-être?

— Point du tout.

— Le fait est que je serai bien heureux de faire sa connaissance.

— A quelle place êtes-vous ?

— Je suis à l'orchestre.

— Seul?

— Tout seul. J'ai dîné dans ce quartier-ci. Je ne savais que faire après mon dîner, je me suis dit : Je vais aller au Palais-Royal. C'est le théâtre qui m'amuse le plus. Sainville est adorable.

Tout en causant ainsi, Édouard et l'avocat étaient arrivés à la loge d'Anaïs.

— Je te présente M. Paul Cournon, avocat, un de mes bons amis, que j'ai trouvé, dit Édouard, en admiration de toi à l'autre bout de la salle.

Paul salua trois fois avec sa tête, avec son corps et avec son chapeau, qu'il tenait à deux mains.

— Édouard a raison, madame, dit-il en rougissant, je vous admirais de loin sans me douter que j'aurais le bonheur de vous admirer de près.

Paul se tira assez bien de sa phrase.

— Vous êtes beaucoup trop bon, répliqua Anaïs avec un gracieux sourire, tel qu'une femme en adresse à l'homme dont elle voit que l'opinion la fait valoir dans l'esprit de son amant, et j'espère, continua-t-elle, que vous ne vous en tiendrez pas à cette visite.

Paul salua une quatrième fois et s'assit.

Anaïs tendit la main à Édouard. En ce moment elle savait ce qu'elle faisait.

Édouard prit la main et la baisa.

— Qu'est-ce que vous faites ce soir? demanda-t-il à Paul.

— Rien.

— Voulez-vous venir souper avec nous après le spectacle?

— Cela ne gênera pas madame?

— Au contraire, monsieur, je vous en prie, fit Anaïs.

— Alors j'accepte.

Après le spectacle on soupa.

Jamais souper ne fut plus gai, jamais amant et maîtresse ne furent plus amoureux.

En descendant de chez Véry, Paul dit à Édouard pendant qu'Anaïs montait en voiture :

— Mon cher, je vous fais encore mon compliment; vous avez là une maîtresse adorable. Si j'avais une femme comme celle-là, j'en serais fou!

Pendant trois jours, il n'y eut pas une querelle entre Édouard et Anaïs, et celle-ci put commencer à croire qu'elle avait à jamais reconquis le

cœur de son amant, et que leur amour venait de
passer un nouveau bail.

A quoi tient l'amour dans le cœur de l'homme!

IV

Cependant tout s'use, même l'influence que
peut avoir sur le cœur d'un amant l'admiration
qu'un ami a pour sa maîtresse.

Quand une liaison en est arrivée où en était
celle d'Édouard et d'Anaïs, il en est d'elle comme
des monuments dont la base est pourrie. On peut
replâtrer la façade et redorer l'intérieur, rien
n'empêchera l'édifice de trembler quand il fera
du vent, et de s'écrouler un beau jour en entraî-
nant les locataires avec lui.

Quand une fois un homme qui vit avec une femme
a acquis cette conviction douloureuse, que non-
seulement il ne l'aime plus, mais qu'encore elle
l'ennuie, elle aura beau faire, elle aura beau évoquer les souvenirs heureux, il n'emplira plus son
cœur avec le passé, il aura beau se dire qu'il est
de sa délicatesse de garder la femme qui lui a sa-
crifié plusieurs années de sa vie, le besoin de li-
berté ou de changement reprendra le dessus, et
il se débattra dans les événements avec toute l'é-
nergie de sa jeunesse, comme un homme qui se
sent étouffer dans une foule se débat avec toutes
ses forces et toute sa volonté, au risque d'étouffer son voisin pour se conserver lui-même.

Nous ne parlons pas ici de l'homme qui vit avec
une femme et qui est amoureux d'une autre. Celui-là ne quittera peut-être pas la maîtresse qu'il
a depuis longtemps pour celle qu'il n'a pas encore. Ce ne sera pas l'égoïsme, ce sera au contraire un bon sentiment qui le fera agir. Bien
qu'elle ne connaisse pas cet amour nouveau, dans
sa conscience il sent qu'il lui doit une compensa-
tion à ce qu'il lui reprend de son cœur et de sa
pensée. Il arrive même quelquefois qu'ayant

trouvé une déception là où il allait, l'homme revient plus amoureux à sa première maîtresse, qui ne s'explique pas toujours cette recrudescence d'amour. De là souvent ces liaisons devenues indissolubles par l'aveuglement volontaire de la femme. En effet, quand une femme se sait trompée par son amant, et qu'ayant un intérêt de position ou un intérêt de cœur à rester avec lui, elle ferme les yeux sur ses infidélités, paraît ne se douter de rien et a la forcé de le bien recevoir quand il reparaît, cette femme acquiert sur son amant une influence telle, que, quoi qu'il fasse, il ne pourra jamais la quitter.

On a vu des gens vivre toute leur vie ensemble, parce qu'aucun des deux ne voulait donner à l'autre le plaisir de prendre l'initiative, et de pouvoir dire après :

— C'est moi qui ai rompu.

Il y aurait des volumes entiers et fort intéressants à écrire sur cet inépuisable sujet.

Comme nous l'avons déjà vu, Anaïs et Édouard vivaient depuis trois ans ensemble... Quelles raisons avaient amené cette vie maritale? Il est presque inutile de le dire. Un désir qu'il avait eu pour elle, le bonheur de l'emporter sur les autres, l'habitude rapidement contractée. Quant à Anaïs., nous n'affirmerons pas qu'elle eût pour Édouard une passion bien extraordinaire. Elle se connaissait en amours, et elle ne pouvait pas ne pas s'effrayer des symptômes qui depuis quelque temps se manifestaient chez Édouard.

Et ce qu'il y avait de plus terrible pour elle, c'est qu'elle comprenait qu'Édouard fît ce qu'il faisait, et que c'était beaucoup qu'il eût vécu trois ans avec elle. Édouard et Anaïs savaient à quoi s'en tenir l'un sur l'autre, et pourtant ils ne se quittaient pas.

Permettez-moi une comparaison un peu triviale.

Quand vous étiez enfant, à l'âge où les dents tombent, il vous est arrivé d'en avoir une qui remuait. Vous la preniez entre deux doigts, vous la sentiez toute prête à sortir de son alvéole. Tous les jours, quand vous mangiez, elle vous faisait plus de mal que vous ne vous en fussiez fait en l'arrachant tout à coup, car un nerf presque imperceptible la retenait seul, et cependant vous n'aviez pas ce courage d'un instant qui vous eût

8

débarrassé d'un ennui de tous les jours. Il fallait
ou que votre père se fâchât pour vous faire arra-
cher cette dent, ou qu'elle tombât un jour en
heurtant un aliment trop dur. Alors vous pous-
siez un cri, mais vous étiez étonné du peu de suite
de cette douleur, du grand bien-être que vous
en receviez, et vous regrettiez d'avoir si longtemps manqué de courage.

Il en est des liaisons comme des dents. Du moment qu'elles branlent, il vaut mieux ne pas attendre qu'elles tombent, car elles tombent toujours trop tard et risquent de briser quelque chose
en tombant.

Édouard et Anaïs en étaient arrivés à la dernière période. L'imminence et le besoin d'une
rupture étaient flagrants. Ils se débattaient encore, mais sans savoir pourquoi. Ils se faisaient
des scènes dégradantes pour l'un comme pour
l'autre. Les domestiques et les voisins étaient ini-
tiés à tous ces mystères d'alcôve. Le lendemain
d'une querelle violente, Anaïs avait montré ses
bras tout meurtris à sa femme de chambre. L'in-
tervention et les conseils des amis commençaient.
Édouard et Anaïs, vivant sous le même toit,

étaient restés des deux et trois jours sans se parler, et, quand ils s'étaient reparlé, ce n'avait été
que pour se quereller, pour s'injurier même. La
vie passée de la femme était devenue pour l'homme
le texte incessant de ses récriminations. Les choses mêmes qu'il savait être fausses, il les évoquait
et s'en faisait des armes déloyales. Des querelles
avaient eu lieu jusque dans les escaliers ; Anaïs
avait suivi Édouard à pied, dans la rue, partout
où il allait, ne le quittant pas d'un instant, l'at-
tendant sous la porte des maisons dans lesquelles
il entrait pour lui échapper, et le mettant ainsi
dans cet état d'exaspération où l'on tuerait comme
un chien la femme qu'on a cru aimer.

De temps en temps il y avait un repos, comme
au milieu d'un combat il y a souvent trêve entre
les deux armées, puis la guerre recommençait de
plus belle, à propos de tout, — à propos de rien.

Enfin la maison était devenue un véritable en-
fer, et Édouard qui, épuisé, abruti même par ces
scandaleuses émotions, n'avait plus le courage de
s'en aller sans raison, se créa une nécessité de
partir. Il écrivit à son frère, qui habitait la pro-
vince avec sa famille, de lui écrire que son père

était très-malade, et il lui expliqua toutes les raisons qui le forçaient à implorer ce mensonge.

La lettre arriva.

Édouard, fort de cet auxiliaire, entra dans la
chambre d'Anaïs, et, lui remettant la lettre qu'il
venait de recevoir, il lui dit :

— Lisez.

Elle lut.

— Cette lettre est un mensonge, dit-elle en re-
jetant le papier à son amant ; votre père n'est pas
malade.

— Quoi qu'il en soit, je partirai ce soir même.

— Et moi aussi.

— Et vous irez ?

— Où vous allez.

— Je vous le défends bien.

— C'est ce que nous verrons. Ne suis-je pas libre d'aller où je veux ?

— Prenez garde ! fit Édouard, pâlissant à cette
raison, qui avait le malheur d'en être une.

— Vous allez me battre... encore. Ah ! mon
cher, vous m'avez fait trop de mal depuis deux
mois pour que je ne vous en fasse pas à mon tour.
Vous irez chez votre père, eh bien ! moi aussi,

j'irai chez lui, et nous verrons s'il me fera jeter à la porte quand je lui aurai dit la façon lâche et infâme dont vous vous conduisez avec moi.

On a assassiné des gens qui le méritaient moins qu'Anaïs.

Édouard se contint et sonna.

— Rosalie, dit-il à la femme de chambre, donnez-moi ma malle.

— Rosalie, vous êtes ici chez moi, fit Anaïs, et vous ne devez obéir qu'à moi. Je vous défends de donner cette malle.

— Allez dire qu'on m'en apporte une, fit Édouard.

— Je vous défends de sortir! cria Anaïs.

— Alors, j'y vais aller moi-même, dit tranquillement Édouard, qui avait fini par comprendre que le moment suprême était venu, et qui avait pris la résolution, pour conserver ce que cette vie lui laissait encore de dignité, d'opposer le sang-froid aux emportements de sa maîtresse et de mettre ainsi le beau rôle de son côté, si tant il y a qu'il pût y avoir un beau rôle de part ou d'autre.

— Allez, fit Anaïs.

Édouard prit son chapeau et descendit.

Il n'avait pas fait dix pas dans la rue qu'Anaïs était derrière lui.

Il la vit, mais il ne voulut pas se tenir pour battu. Il entra chez un layetier. Elle entra avec lui.

— Que désirez-vous, madame? dit le marchand, ne soupçonnant pas que cette femme qui ne disait rien et qui ne lui donnait pas le bras fût avec Édouard.

— J'accompagne monsieur, dit-elle.

Édouard acheta sa malle, la paya et sortit.

Quand il fut dans la rue :

— Écoutez, dit-il à Anaïs, malgré tout ce que vous ferez, je partirai, et cela aujourd'hui même; ainsi rentrez chez vous, ce sera plus raisonnable.

— Je ne vous empêche pas de partir.

— Vous allez continuer de me suivre?

— Je ne vous suis pas, je me promène.

— Vous ne voulez pas rentrer chez vous?

— Non.

— À votre aise.

Édouard se mit à marcher pendant un quart d'heure environ, ne sachant vraiment pas ce qu'il devait faire.

Quant à Anaïs, si on lui eût demandé pourquoi elle agissait ainsi et quel résultat elle espérait, il lui eût été impossible de le dire.

Un cabriolet vide passait, Édouard distança de quelques pas Anaïs, qui ne se doutait de rien, et sauta dans le cabriolet.

— Tout droit devant vous, dit-il au cocher, et le plus vite que vous pourrez.

Et en même temps il faisait un signe d'adieu à sa maîtresse.

Peindre la figure de celle-ci serait une chose embarrassante.

Quand Édouard fut sûr de n'être pas suivi, il se fit conduire rue du Bouloi, à l'administration des diligences.

— Avez-vous une place pour Limoges ? dit-il à l'homme du bureau.

— Il m'en reste deux, répondit cet homme : une dans l'intérieur, une dans le coupé.

— Je prends celle du coupé, dit Anaïs, pouvant à peine parler tant elle était essoufflée.

C'est maintenant la figure d'Édouard qu'il serait difficile de peindre.

Anaïs savait que, quand Édouard allait voir

son père, il prenait toujours la diligence de la rue
du Bouloi, et, convaincue qu'il prendrait encore
la même, d'autant plus qu'il ne se croyait pas
suivi, elle avait couru à ces messageries et elle
était arrivée presque en même temps que lui.

Cependant Édouard se remit bien vite, et lui
dit comme s'il ne l'eût pas connue :

— Je vous demande pardon, madame, mais j'é-
tais ici avant vous, et je prends les deux places.

L'homme du bureau fit un signe de tête qui
voulait dire : Monsieur est dans son droit.

Deux larmes de colère et d'impuissance brillè-
rent dans les yeux d'Anaïs.

— Je partirai, murmura-t-elle en pâlissant.

Et elle disparut.

Ce premier triomphe enhardit Édouard. Il était
content de lui.

A partir de ce moment, Anaïs était vaincue.
Edouard revint rue Laffitte.

— A-t-on apporté une malle? dit-il à Rosalie.

— Oui, monsieur.

— Où est-elle?

— Dans votre chambre.

Édouard trouva en effet sa malle dans sa chambre; seulement, la serrure était brisée, et le cuir avait été haché en morceaux avec un rasoir.

Il reconnut la main d'Anaïs.

Tous ces petits moyens ne servaient qu'à faire dépenser un peu plus d'argent à Édouard. Il se dit qu'il trouverait toujours une malle; et il ouvrit son armoire pour préparer ses effets.

Pantalons, chemises, redingotes, tout, comme la malle, avait été déchiré, haché, brûlé, foulé aux pieds.

On ne saurait croire comme cette dernière péripétie acheva de perdre Anaïs dans l'esprit d'Édouard et le détacha violemment des scrupules qu'il pouvait encore avoir.

Il remit son chapeau et s'apprêta à sortir.

— Monsieur, lui dit Rosalie en entrant, madame veut vous parler.

— Je n'ai rien à dire à madame, répondit-il.

Et il se dirigea vers la porte.

Au moment où il mettait la main sur la serrure, Anaïs, toute en larmes, se jetait entre la porte et lui.

— Vous partez! cria-t-elle avec la voix d'une femme au bout de ses forces et de ses ressources, et qui ne compte plus que sur sa douleur.

— Oui, répondit froidement Édouard.

— Au nom du ciel, ne partez pas !

— Il le faut.

— Pourquoi ?

— Parce que je le veux.

— Que vous ai-je fait ?

— Vous le demandez ?

— Édouard ! fit Anaïs en se mettant à ses genoux, en joignant les mains et en le regardant d'un air suppliant, je vous en supplie, ne partez pas !

— Que vous importe, puisque vous partez aussi ?

— Vous savez bien que c'est impossible.

— Pourquoi m'en avez-vous menacé alors ?

— Pourquoi ? pourquoi ? Est-ce qu'on sait ce que l'on fait dans ces circonstances-là ? J'avais la tête perdue. Je vous aime tant, Édouard !

Édouard haussa les épaules.

— Aurais-je fait tout cela, reprit Anaïs, si je ne vous aimais pas ?

— Allons, en voilà assez, laissez-moi sortir.

— Ne partez que demain, fit Anaïs en se relevant et en passant ses bras autour du cou de son amant.

— Je pars ce soir.

— Mon Dieu! mon Dieu! qu'est-ce que je vais devenir? s'écriait-elle en fondant en larmes et en se couvrant le visage de ses deux mains.

Édouard la repoussa un peu pour pouvoir sortir.

— Vous vous repentirez un jour, lui dit-elle, d'avoir ainsi fait souffrir une pauvre femme qui ne vous avait rien fait.

— C'est bon. Adieu !

— Vous partez ?

— Je pars !

— Décidément ?

— Décidément.

— Je vous promets de faire tout ce que vous voudrez, mon ami ; de ne jamais rien vous dire ; de ne plus être jalouse : voulez-vous rester?

— Non, mille fois non, il est trop tard.

Et Édouard entr'ouvrit la porte.

Anaïs comprit que tout était inutile et qu'elle avait poussé son amant à bout.

— Quand reviendrez-vous? lui dit-elle.

Disons que dans ces sortes de scènes, quand l'homme se sent le plus fort, il abuse de sa force.

— Je n'en sais rien, fit Édouard.

— M'écrirez-vous ?

— Nous verrons.

En même temps il ouvrait la porte et sortait. Anaïs le laissa sortir.

Ou nous nous trompons fort, ou nous pouvons affirmer qu'Édouard était fâché qu'Anaïs ne le retint pas davantage.

— Édouard ! lui cria-t-elle dans l'escalier ; mais il ne répondit pas.

Il alla chez son tailleur, chez son chemisier, se fit remplir une malle d'effets neufs et envoya cette malle aux diligences.

Il entra chez un restaurateur et y dîna après avoir pris une feuille de papier et avoir écrit à Anaïs une longue lettre, dans laquelle il lui détaillait toutes les nécessités d'une rupture. Sans les lui reprocher, il lui rappelait les scènes qui avaient eu lieu depuis trois mois, et terminait en lui faisant part des mesures qu'il allait prendre pour qu'elle n'eût besoin de rien, et en l'assurant de son amitié et de son dévouement.

C'était la lettre d'un honnête homme qui a fait la part du bien et du mal, et qui ne veut pas que la femme qu'il quitte ait le droit de se plaindre de lui.

Il envoya cette lettre à Anaïs par un commis-sionnaire, une demi-heure avant de monter en diligence.

La voiture allait partir quand Rosalie accourut remettre à Édouard un billet de sa maîtresse.

Dans ce billet, elle le suppliait de ne pas partir, ajoutant que, s'il partait, elle quitterait Paris et s'expatrierait à tout jamais.

— Revenez, monsieur, dit Rosalie; madame est comme folle, et, si vous ne revenez pas, je ne sais pas ce qui arrivera. Madame est capable de se tuer.

Édouard glissa cinq louis dans la main de Rosalie et partit.

Édouard alla voir son père à Limoges; puis, de là, ne voulant pas encore revenir à Paris, il partit pour l'Italie. Plusieurs fois, en se disant qu'après tout Anaïs était peut-être très-malheureuse de son absence, il lui écrivit avec une grande douceur et en revenant encore sur les impossibilités d'une plus longue liaison.

Six mois après, il était de retour, mais il n'osait se présenter chez son ancienne maîtresse.

Il craignait les larmes, les récriminations; il craignait surtout qu'elle ne cherchât à le reprendre comme autrefois, et qu'elle ne l'aimât encore trop. Bref, il craignait une trop grande secousse de part et d'autre s'il la voyait.

Le fat!

Un mois après, il passait sur le boulevard, quand il vit une voiture s'arrêter et une petite main lui faire signe de venir lui parler. Celle qui l'appelait ainsi avait son voile baissé, de sorte qu'il ne la reconnut pas.

Il s'approcha de la portière du coupé, la jeune femme leva son voile. C'était Anaïs.

Elle était élégamment vêtue et avait pour ainsi dire un air nouveau.

— Eh bien! lui dit-elle, vous voilà donc revenu?

— Oui, balbutia-t-il.

— Depuis combien de temps?

— Depuis un mois.

— Pourquoi n'êtes-vous pas venu me voir?

— Je craignais...

— Vous savez bien que vous serez toujours très-
bien reçu chez moi.

— Vous demeurez encore rue Laffitte ?

— Oui. Et vous ?

— Rue Richelieu, hôtel de Paris.

— Je vous demande cela pour vous renvoyer
des effets à vous que j'ai retrouvés et dont vous
avez peut-être besoin.

— Merci.

— Vous avez fait un bon voyage ?

— Très-bon. Et vous, qu'avez-vous fait ?

— Oh ! mon cher, c'est toute une histoire. Je
suis maintenant avec le baron de ***. C'est lui qui
m'a donné cette voiture. Il n'est plus tout jeune,
mais il est très-bon pour moi. Venez me voir, je
vous conterai tout cela. Adieu.

C'était bien la peine de faire tout ce que nous
avons raconté !

LE

PENDU DE LA PIROCHE

———

Connaissez-vous la Piroche ?

Non. Ni moi non plus. Ainsi je n'abuserai pas de ma science pour vous faire une description, d'autant plus que, entre nous soit dit, c'est bien ennuyeux, les descriptions. A moins qu'il ne soit question des forêts vierges de l'Amérique comme dans Cooper, ou du Meschacebé, comme dans Châ teaubriand, c'est-à-dire de pays qu'on n'a pas sous la main, et à propos desquels l'imagination,

10

pour s'en représenter les détails, a besoin d'être
aidée par les voyageurs poëtes qui les ont visités,
en général les descriptions ne servent pas à grand'-
chose, excepté à être passées par le lecteur. La
littérature a beau avoir sur la peinture, la sta-
tuaire et la musique le triple avantage de pouvoir
faire toute seule un tableau avec une épithète,
une statue avec une phrase, une mélodie avec une
page, il ne faut pas qu'elle abuse de ce privilége,
et l'on doit un peu laisser aux arts spéciaux les
droits de leur spécialité. J'avoue donc que, pour
ma part, et sauf meilleur avis, quand je me trouve
avoir à décrire un pays que tout le monde peut
avoir vu ou que tout le monde peut voir, soit qu'il
soit proche, soit qu'il ne diffère pas du nôtre, je
préfère laisser au lecteur le plaisir de se le rap-
peler s'il l'a vu, ou de se le figurer s'il ne le connaît pas encore. Le lecteur aime assez qu'on lui
laisse sa part à faire d'une œuvre qu'il lit. Cela
le flatte, et lui fait croire qu'il pourrait faire le
reste. Or c'est une bonne chose de flatter son
lecteur. Puis, en réalité, tout le monde sait ce
que c'est que la mer, une plaine, une forêt, un
ciel bleu, un effet de soleil, un effet de lune et un

effet d'orage. A quoi bon s'appesantir là-dessus ?
Il vaut bien mieux tracer le paysage d'un seul
coup de pinceau, comme Rubens ou Delacroix,
ceci soit dit sans comparaison, et garder toute la
valeur de sa palette pour les personnages qu'on
veut animer. Quand on noircira des pages entiè-
res à décrire, on ne donnera pas au lecteur une
impression égale à celle qu'éprouve le plus naïf
bourgeois qui se promène par une belle journée
d'avril dans le bois de Vincennes, ou la plus igno-
rante fille qui traverse, en juin, au bras d'un fiancé
quelconque et à onze heures du soir, les allées
ombreuses du bois de Romainville ou du parc
d'Enghien.

Nous avons tous dans l'esprit et dans le cœur
une galerie de paysages faits de nos souvenirs et
qui peuvent servir de fonds à toutes les histoires
du monde. Il n'y a qu'un mot à dire : jour ou nuit,
hiver ou printemps, calme ou orage, bois ou plaine,
pour que nous évoquions aussitôt le paysage le
plus complet.

Ainsi je n'ai qu'à vous dire qu'au moment où
l'histoire que je vais vous conter commence il
est midi, qu'on est en mai, que la route dans la

quelle nous allons entrer est bordée à droite par
des genêts, à gauche par la mer ; vous savez tout
de suite ce que je ne vous dis pas, c'est-à-dire que
les genêts sont verts, que la mer est bruyante,
que le ciel est bleu, que le soleil est chaud et
qu'il y a de la poussière sur la route.

Je n'aurai plus qu'à ajouter que cette route, qui
se déroule sur la côte de Bretagne, va de la Poterie à la Piroche ; que la Piroche est un village que
je ne connais pas, mais qui doit être fait comme
tous les villages ; que nous sommes en plein quin-
zième siècle, en 1418, et que deux hommes, l'un
plus âgé que l'autre, l'un père de l'autre, paysans
tous deux, suivent cette route, montés sur deux
biquets trottinant une allure assez agréable pour
des biquets qui sont sous des paysans.

— Arriverons-nous à temps ? disait le fils.

— Oui, ce n'est que pour deux heures, répondit le père, et le soleil ne marque que midi et
un quart.

— C'est que je suis curieux de voir cela.

— Je le crois bien.

— Ainsi il sera pendu avec l'armure qu'il a
volée ?

— Oui.

— Comment diable peut-on avoir l'idée de voler une armure ?

— Ce qui est difficile à avoir, ce n'est pas l'idée.

— C'est l'armure, interrompit le fils, qui voulait avoir fait la moitié de cette plaisanterie.

— Aussi ne l'a-t-il pas eue.

— Cette armure était-elle belle ?

— Magnifique, dit-on, toute rehaussée d'or.

— Et il a été pris comme il l'emportait ?

— Oui. Tu comprends bien que cette armure ne se laissait pas emporter sans faire un vacarme horrible. Elle ne voulait pas quitter son véritable maître.

— Et puis elle était en fer.

— On s'est réveillé dans le château au bruit qu'on entendait.

— Et on a arrêté l'homme ?

— Pas tout de suite. On a commencé par avoir peur.

— Naturellement, c'est toujours par là que commencent les gens volés quand ils sont en présence des voleurs, sans quoi il n'y aurait aucun bénéfice à être voleur.

— Ni aucune émotion à être volé. Mais ces braves gens ne croyaient pas avoir affaire à un voleur.

— A qui donc alors ?

— A un revenant. Ce misérable, très-vigoureux, portait l'armure devant lui, tenant sa tête à la hauteur des reins de ladite armure, si bien qu'elle acquérait des proportions gigantesques dans le corridor où il passait. Joins à cela un bruit rauque que le malin faisait par derrière, et tu comprendras l'effroi des valets. Malheureusement pour lui, on a été réveiller le seigneur de la Piroche, qui, lui, n'a peur ni des vivants ni des morts, qui a simplement et à lui seul arrêté le voleur et se l'est livré tout garrotté à sa propre justice.

— Et sa propre justice?

— L'a condamné à être pendu, revêtu de l'armure.

— Pourquoi cette clause dans la condamnation?

— Parce que le seigneur de la Piroche est non-seulement un brave capitaine, mais un homme de sens et d'esprit qui veut tirer de cette condamnation juste un exemple pour les autres et un profit pour lui. Or ne sais-tu pas que ce qui a touché un pendu devient un talisman pour qui le possède? Le seigneur de la Piroche a donc or- donné que le criminel serait revêtu de son ar- mure, afin de la reprendre quand il serait mort et d'avoir ainsi un talisman dans nos prochaines guerre.

— C'est très-ingénieux !

— Je le crois bien.

— Hâtons-nous alors, car je tiens à voir pen- dre ce pauvre homme.

— Nous avons bien le temps ! Ne fatiguons pas nos bêtes ; nous ne resterons pas à la Piroche, il faut que nous fassions une lieue en dehors et que nous revenions à la Poterie.

— Oui ; mais nos chevaux se reposeront cinq ou six heures, puisque nous ne reviendrons que dans la soirée.

Le père et le fils continuaient leur route tout en causant, et une demi-heure après ils arrivaient à la Piroche.

Comme l'avait dit le père, ils arrivaient à temps.

Les pères auront-ils donc toujours le privilége d'avoir raison ?

Il y avait un immense concours de peuple sur la grande place qui faisait face au château, car c'était là que l'échafaud avait été dressé, une fort belle potence, ma foi, en superbe bois de chêne, peu haute, il était vrai, car c'était pour un vil et obscur criminel qu'elle était là, mais assez haute cependant pour que la mort pût faire son œuvre entre le sol et le bout de la corde, laquelle se tortillait au vent frais de la mer comme une anguille pendue par la queue.

Le condamné était sûr d'avoir une belle vue au moment de sa mort, car il allait mourir la face tournée vers l'Océan. Tant mieux si cette vue pouvait lui être une consolation ; mais, pour ma part, j'en doute.

Cependant la mer était bleue, et de temps en temps entre l'azur du ciel et celui de la mer glissait à l'horizon une voile blanche, semblable à un ange se dirigeant vers Dieu, mais dont la longue robe toucherait encore le monde qu'il quitterait.

Les deux compagnons s'approchèrent le plus

possible de l'échafaud, afin de ne rien perdre de
ce qui allait se passer ; et, comme tout le monde,
ils attendirent, ayant sur les autres cet avantage
d'être montés sur deux bêtes et de voir mieux en
se fatiguant moins.

L'attente ne fut pas longue.

A deux heures moins un quart la porte du château s'ouvrit, et le condamné parut, précédé des
gardes du seigneur de la Piroche et suivi de l'exécuteur.

Le voleur était revêtu de l'armure volée et monté
au rebours sur un âne sans selle. Il portait la
visière baissée et la tête basse. On lui avait lié
les mains derrière le dos, et si l'on veut avoir notre conviction à son endroit, nous dirons sans
plus hésiter qu'à en juger par sa tournure, sinon
par son visage qu'on ne voyait pas, il devait être
mal à son aise et faire en ce moment les plus
tristes réflexions.

On amena le condamné auprès de l'échafaud,
et un tableau peu agréable pour lui commença à
se décalquer sur l'azur.

Le bourreau venait d'appliquer son échelle à la
potence, et le chapelain du seigneur de la Piroche,

monté sur une estrade préparée, faisait la lecture
du jugement.

Le condamné ne bougeait pas. On eût dit qu'il
avait fait aux spectateurs la niche de mourir avant
d'être pendu.

On lui cria de descendre de son âne et de se li-
vrer au bourreau.

Il ne bougea point. Nous comprenons son hé-
sitation.

Alors le bourreau le prit par les coudes, l'en-
leva de son âne et le posa tout debout sur le sol.

Quel gaillard que ce bourreau !

Quand nous disons qu'il le posa tout debout,
nous ne mentons pas. Mais nous mentirions en
disant qu'il resta comme on l'avait posé. Il avait,
en deux minutes, franchi les deux tiers de l'al-
phabet, ce qui veut dire en langue vulgaire qu'au
lieu de rester droit comme un I il était en zigzag
comme un Z.

Pendant ce temps, le chapelain avait fini de lire
la sentence.

— Avez-vous quelque chose à demander ? demanda-t-il alors au patient.

— Oui, répondit le malheureux d'une voix triste
et voilée.

— Que demandez-vous ?

— Je demande ma grâce !

Je ne sais pas si le mot farceur était inventé
dans ce temps-là, mais c'était là ou jamais l'occasion de l'inventer et de le dire.

Le seigneur de la Piroche haussa les épaules et
ordonna au bourreau de se mettre à l'œuvre.

Celui-ci se disposa à monter son échelle appuyée contre ce gibet qui, impassible, allait tirer,
à bras tendu, une âme d'un corps, et il essaya
de faire monter le condamné devant lui; mais ce
n'était pas chose facile. On ne saurait croire combien, en général, les condamnés à mort font de
difficultés pour mourir.

Le bourreau et celui-là avaient l'air de se faire
des politesses. C'était à qui ne passerait pas le
premier.

Le bourreau, pour le faire monter sur son
échelle, en revint au moyen qu'il avait employé
pour le faire descendre de son âne; il le prit par
le milieu du corps, le posa sur le troisième éche-
lon, et se mit à le pousser de bas en haut.

— Bravo ! cria la foule.

Il fallut bien monter.

Alors l'exécuteur passa adroitement le nœud coulant qui ornait le bout de la corde autour du coup du patient, et, donnant à celui-ci un vigoureux coup de pied dans le dos, il le jeta dans l'espace, qui ressemblait fort à l'éternité.

Une immense clameur accueillit ce dénoûment prévu, et un frémissement courut dans la foule. Quelque crime qu'il ait commis, un homme qui meurt est toujours, pendant un instant, plus grand que ceux qui le voient mourir.

Le pendu se balança deux ou trois minutes au bout de sa corde, comme c'était son droit, gigotta, se tortilla, puis resta immobile et roide.

Le Z était redevenu un I.

On regarda encore quelques instants le patient, dont l'armure dorée brillait au soleil; et les spectateurs se divisèrent peu à peu en groupes, puis reprirent le chemin de leurs maisons en causant de l'événement.

— Pouah ! la vilaine mort ! disait le fils du paysan qui continuait sa route avec son père.

— Ma foi, être pendu pour n'avoir pas pu voler une armure, c'est cher. Qu'en penses-tu ?

— Je me demande, moi, ce qu'on lui aurait fait s'il avait réellement volé l'armure.

— On ne lui aurait rien fait, car, s'il avait réellement volé l'armure, il aurait pu se sauver du château. Alors il est bien probable qu'il ne fût pas revenu se faire arrêter.

— Donc il est plus puni pour un crime qu'il n'a pas commis qu'il ne l'eût été s'il avait commis le crime.

— Mais il avait l'intention de le commettre.

— Et l'intention étant réputée pour le fait...

— Il devait être puni comme il l'a été.

— C'est parfaitement juste.

— Mais ce n'est pas beau à voir.

Et, comme ils se trouvaient sur une hauteur, les deux compagnons se retournèrent pour contempler une dernière fois la silhouette du malheureux.

Vingt minutes après ils entraient dans ce petit bourg où, Dieu me pardonne, ils allaient recevoir de l'argent, et qu'ils devaient quitter le soir afin d'être de retour chez eux la nuit même.

Le lendemain, dès le point du jour, deux gar-

des sortirent du château de la Piroche pour venir
décrocher le cadavre du pendu, auquel ils devaient
reprendre l'armure de leur seigneur ; mais ils
trouvèrent une chose à laquelle ils étaient loin de
s'attendre, c'est-à-dire que la potence et la corde
étaient toujours là, mais que le pendu n'y était
plus.

Les deux gardes se frottèrent les yeux, croyant
rêver ; mais la chose était bien réelle. Plus de
pendu et naturellement plus d'armure.

Et ce qui était extraordinaire, c'est que la
corde n'était ni rompue ni coupée, mais juste
dans l'état où elle était avant de recevoir le condamné.

Les deux gardes vinrent annoncer cette nouvelle au seigneur de la Piroche. Il ne voulut pas
les croire et tint à s'assurer par lui-même de la
vérité du fait. C'était un seigneur si puissant,
qu'il était convaincu que pour lui le pendu allait se retrouver là ; mais il vit ce que les autres
avaient vu.

Qu'était devenu le mort ? car le condamné était
bien mort, la veille, aux yeux de tout le village.

Un autre voleur avait-il profité de la nuit pour s'emparer de l'armure qui couvrait le corps?

Peut-être mais, en prenant l'armure, il eût évidemment laissé le cadavre dont il n'avait que faire.

Des amis ou les parents du patient avaient-ils voulu lui donner une sépulture chrétienne?

Rien d'impossible à cela, si ce n'est que le patient n'avait ni ami ni parent, et que des gens qui eussent eu des sentiments si religieux eussent pris le cadavre et laissé l'armure.

Ce n'était donc pas encore cela qu'il fallait croire. Que fallait-il donc croire?

Le seigneur de la Piroche se désolait. Il en était pour son armure. Il fit promettre une récompense de dix écus d'or à celui qui livrerait le coupable, vêtu comme il l'était en mourant.

Personne ne se présenta.

On fouilla les maisons, on ne trouva rien.

On fit venir un savant de la ville de Rennes, et on lui posa cette question :

— Comment un pendu mort peut-il faire pour se sauver de la corde qui le retient en l'air par le cou?

Le savant demanda à réfléchir huit jours, au bout desquels il répondit :

— Il ne le peut pas.

Alors on lui posa cette seconde question :

— Un voleur n'ayant pas pu voler de son vivant et ayant été condamné à mort pour vol, peut-il voler après sa mort ?

Le savant répondit : Oui.

On lui demanda comment cela pouvait se faire. Il répondit qu'il n'en savait rien.

C'était le plus grand savant de l'époque.

On le renvoya, et on se contenta de croire, car c'était le temps des sorcelleries, que le voleur était sorcier.

Alors on dit des messes pour conjurer ce mauvais esprit, qui sans aucun doute allait se venger du seigneur qui avait ordonné sa mort, et de ceux qui étaient venus le voir mourir.

Un mois se passa en recherches infructueuses.

La potence était toujours là, humiliée, triste et méprisée. Jamais gibet n'avait commis un pareil abus de confiance.

Le seigneur de la Piroche continuait à redemander son armure, aux hommes, à Dieu et au diable.

Rien.

Enfin il allait sans aucun doute prendre son parti de cet étrange événement et de la perte qui en avait été le résultat, quand, un matin, en se réveillant, il entendit un grand bruit sur la place où l'exécution avait eu lieu.

Il se préparait à s'informer de ce qui se passait, quand son chapelain entra dans sa chambre.

— Monseigneur, lui dit-il, savez-vous ce qui arrive?

— Non, mais je vais le demander.

— Je puis vous le dire, moi.

— Qu'est-ce donc?

— Un miracle de Dieu!

— Vraiment!

— Le pendu...

— Eh bien!

— Il est là.

— Où?

— A la potence.

— Pendu?

— Oui, monseigneur.

12

— Avec son armure ?

— Avec votre armure.

— C'est juste, puisqu'elle est à moi.

— Et il est mort ?

— Parfaitement mort. Seulement...

— Seulement quoi?

— Avait-il des éperons quand on l'a pendu?

— Non.

— Eh bien, monseigneur, il en a, et au lieu d'avoir le casque sur la tête, il l'a déposé avec soin au pied de la potence, et se trouve pendu tête nue.

Allons voir cela, messire chapelain, allons voir cela bien vite.

Le seigneur de la Piroche courut sur la place encombrée de curieux. Le cou du pendu était repassé dans le nœud coulant, et le corps était bien au bout du cou, et l'armure était bien sur le corps.

C'était prodigieux. Aussi criait-on au miracle.

— Il s'est repenti, disait l'un, et il est venu se rependre.

— Il a toujours été là, disait l'autre; seulement nous ne le voyions pas.

— Mais pourquoi a-t-il des éperons? demandait
un troisième.

— Sans doute parce qu'il revient de loin et
qu'il a voulu revenir vite.

— Je sais bien, moi, que, de loin ou de près, je
n'eusse pas eu besoin de mettre des éperons, car
je ne serais pas revenu.

Et l'on riait, et l'on regardait la vilaine gri-
mace que faisait le mort.

Quant au seigneur de la Piroche, il ne pensait
qu'à s'assurer que le voleur était bien mort et à
reprendre son armure.

On détacha le cadavre et on le dépouilla; puis,
une fois dépouillé, on le rependit, et les corbeaux
s'y mirent si bien, qu'au bout de deux jours il
était tout déchiqueté, qu'au bout de huit jours il
n'avait plus que l'air d'une loque, et qu'au bout
de quinze il n'avait plus l'air de rien du tout;
car, s'il ressemblait encore à quelque chose, ce
n'était plus qu'à ces pendus impossibles que nous
dessinions, quand nous étions au collége, sur la
première page de nos livres d'étude, et au-des-
sous desquels nous écrivions ce quatrain amphi-
bie, moitié latin, moitié français :

Aspice Pierrot pendu,
Qui hunc librum n'a pas rendu.
Si hunc librum reddidisset,
Pierrot pendu *non fuisset*.

Mais qu'avait fait ce pendu pendant son mois
d'absence? comment se faisait-il qu'ayant été
pendu il se fût sauvé, et que s'étant sauvé il se
fût rependu?

Nous allons là-dessus donner les trois versions
qui nous ont été faites.

Un enchanteur, élève de Merlin, déclara que si
au moment de mourir le patient avait eu la volonté de disparaître et avait pu absorber son
corps dans sa volonté, la volonté étant une chose
immatérielle, invisible et impalpable, le corps qui
se trouvait absorbé par elle, et caché en elle par
conséquent, devenait par cela même impalpable,
immatériel et invisible, et que si celui du voleur
avait reparu au bout d'un mois au bout de la
corde, c'est qu'au moment suprême sa volonté,
troublée par la crainte, n'avait pas eu assez de
force pour une absorption éternelle.

Ce n'est peut-être pas là une bonne raison, mais c'en est une.

Les théologiens affirmèrent que le patient était parvenu à s'échapper, mais que, poursuivi par ses remords et ayant hâte de se réconcilier avec Dieu, il n'avait pu supporter la vie qu'un mois, et, plein de repentir, était venu se faire à lui-même la justice à laquelle il avait échappé la première fois.

Ce n'est peut-être pas là la vérité; mais c'est toujours une raison chrétienne, et, comme chrétien, nous ne la repoussons pas entièrement.

Enfin on racontait que nos deux paysans, en revenant le soir chez eux et passant près du gibet, avaient entendu des plaintes, des râles et comme une prière: qu'ils s'étaient dévotement signés et avaient demandé ce que c'était; qu'on ne leur avait pas répondu, mais les plaintes avaient continué, et il leur avait semblé qu'elles venaient du cadavre qui était au-dessus de leur tête. Alors ils avaient pris l'échelle que le bourreau avait laissée au pied du gibet, l'avaient appuyée au bras de la potence, et, le fils étant monté jusqu'au niveau du condamné, lui avait dit :

—Est-ce vous qui vous plaignez, mon pauvre homme ?

Le condamné avait réuni toutes ses forces et avait répondu :

— Oui.

— Vous vivez donc encore ?

— Oui.

— Vous repentez-vous de votre crime ?

— Oui.

— Alors je vais vous détacher, et comme l'Évangile ordonne de secourir ceux qui souffrent et que vous souffrez, je vais vous secourir et vous faire vivre pour vous ramener au bien. Dieu préfère une âme qui se repent à un corps qui expie.

Le père et le fils détachèrent alors le mourant et comprirent comment il se faisait qu'il vécût encore. La corde, au lieu de serrer le cou du voleur, serrait la naissance du casque, si bien que le patient était suspendu, mais non étranglé, et que, prenant avec sa tête une espèce de point d'appui dans l'intérieur du casque, il était parvenu à respirer et à vivre jusqu'au moment où nos deux compagnons avaient passé.

Ceux-ci le détachèrent et le transportèrent chez

eux, où il fut confié aux soins de la mère et de la jeune fille.

Mais qui a volé volera.

Il n'y avait que deux choses à voler chez le paysan, car l'argent qu'il avait rapporté n'était pas à lui. Ces deux choses étaient son cheval et sa fille, blonde vierge de seize ans.

L'ex-pendu résolut de voler l'un et l'autre, car il avait envie du cheval et s'était rendu amoureux de la fille.

Un soir donc il sella le cheval, mit des éperons pour le faire marcher plus vite, et vint prendre la jeune fille endormie pour l'enlever en croupe.

Mais la jeune fille se réveilla et cria.

Le père et le fils accoururent. Le voleur voulut se sauver, mais il était trop tard. La jeune fille raconta la tentative du pendu ; et son père et son frère, voyant bien qu'il n'y avait pas de repentir à attendre d'un pareil homme, résolurent de se faire justice, mais mieux que le seigneur de la Piroche ne se l'était faite. Ils attachèrent le larron au cheval qu'il s'était sellé lui-même, l'amenèrent sur la place de la Piroche et le rependirent là où il avait été pendu, mais en déposant son casque à terre pour être bien sûrs qu'il n'en réchapperait point ; puis ils rentrèrent tranquillement chez eux.

Voilà la troisième version. Je ne sais pas pourquoi je me figure que c'est la plus vraisemblable, et que vous ferez bien, comme moi, de lui donner la préférence sur les deux autres.

Quant au seigneur de la Piroche, comme il avait un talisman sûr, il partit avec joie pour la guerre, où il fut tué le premier.

FIN.

LIBRAIRIE NOUVELLE.

15, BOULEVARD DES ITALIENS, EN FACE DE LA MAISON DORÉE.

NOUVELLES ÉDITIONS IN-32, A 1 FR. LE VOLUME

TRÈS-BEAU PAPIER DE CHOIX, IMPRIMÉES AVEC SOIN, CARACTÈRES NEUFS.

A. DE LAMARTINE

GRAZIELLA (nouvelle édition).	1 vol.
L'ENFANCE.	1 vol.
LA JEUNESSE.	1 vol.

ÉMILE DE GIRARDIN

ÉMILE (cinquième édition)	1 vol.

H. DE BALZAC

TRAITÉ DE LA VIE ÉLÉGANTE (inédit)	1 vol.

THÉOPHILE GAUTIER

LES ROUÉS INNOCENTS.	1 vol.

ALEXANDRE DUMAS FILS

UN CAS DE RUPTURE (inédit).	1 vol.

GUSTAVE DESNOIRESTERRES

UN AMOUR EN DILIGENCE.	1 vol.

HENRY DE LA MADELÈNE

MADEMOISELLE DE FONTANGES.	1 vol.

POL MERCIER ET ÉDOUARD FOURNIER

LE ROMAN DE VILLAGE, comédie en vers.	1 vol.

GEORGE RŒDER

PHYSIOLOGIE DU SENTIMENT.	1 vol.

SOUS PRESSE

H. DE BALZAC

LE CODE DES GENS HONNÊTES.	1 vol.

THÉOPHILE GAUTIER

THÉATRE DE POCHE.	1 vol.

NESTOR ROQUEPLAN

LES COULISSES DE L'OPÉRA.	1 vol.

CH. DE LA ROUNAT

LES LORETTES VIEILLIES (types Gavarni).	1 vol.

CH. MONSELET

LES INVALIDES DU SENTIMENT (types Gavarni).	1 vol.

LOUIS ULBACH

LES PROPOS DE THOMAS VIRELOQUE (types Gavarni). . .	1 vol.

PARIS. — IMPRIMERIE SIMON RAÇON ET Cⁱᵉ, RUE D'ERFURTH, 1.

www.ingramcontent.com/pod-product-compliance
Lightning Source LLC
Chambersburg PA
CBHW060626100426
42744CB00008B/1523